AF524806

Salzstein Kochbuch

Die leckersten und abwechslungsreichsten Rezepte für ein optimales Grillen auf dem Salzstein

Christopher Mertens

Email: info@edition-lunerion.de
www.edition-lunerion.de

Psiana eCom UG
Berumer Str. 44
26844 Jemgum

Vorwort

Fettarmes Grillen, kostbare Mineralstoffe, dank hervorragender Hitzespeicherkapazität perfekt für ausgedehnte Schlemmerrunden geeignet und obendrein noch bildschön anzuschauen: All diese Vorteil schlagen Sie mit einer Klappe, wenn Sie sich einen Salzstein auf den Grill legen. Die hübschen Platten ermöglichen eine ganz besondere Art der Zubereitung, bei der das Grillgut mit einer zarten salzigen Kruste überzogen aufregende kulinarische Erlebnisse schenkt. Für Abwechslung und Vielfalt ist ebenfalls bestens gesorgt, denn mit den zahlreichen Rezepten zaubern Sie von Fingerfood und Salaten über herzhafte Fleisch- und Fisch-Spezialitäten bis hin zu leckeren Veggie-Highlights alles auf den Teller, was das Herz begehrt – und mit außergewöhnlichen salzig-süßen Ideen machen Sie sogar Naschkatzen im Handumdrehen glücklich. Aber schmeckt dann nicht alles völlig versalzen? Keine Sorge, übersalzen können Sie mit dem Stein nicht. Ganz im Gegenteil gibt er nur eine geringe Menge Salz für eine dezent-raffinierte Geschmacksnote ab und liefert stattdessen reichlich wertvolle Mineralien und Spurenelemente. Dank praxiserprobter Pflege, Anschaffungs- und Verwendungstipps erhält das gute Stück seine Eigenschaften zudem lange aufrecht und die leicht nachzukochenden Rezepte ermöglichen auch Ungeübten von Anfang an köstliche Grillergebnisse!

Guten Appetit!

INHALT

Wissenswertes

Hier erfahren Sie alles Wissenswerte über die Nutzung des Salzsteines als Grillplatte sowie dessen Reinigung und Pflege, um lange Spaß mit Ihrem Salzstein zu haben.

Das Erhitzen erfolgt in drei Schritten, dabei wird der Salzstein auf einem Rost oder direkt auf der Grillkohle erhitzt. Zu Beginn wird der Salzstein auf den Außenrand der Hitzequelle gelegt, um ein sanftes Erwärmen zu ermöglichen. Dort sollte der Stein für 20 Minuten ruhen. Dann wird der Salzstein auf die direkte Hitze gegeben und verweilt hier weitere 30 Minuten. Nun ist der Salzstein einsatzbereit. Das vorherige Aufwärmen bringt den Vorteil mit sich, dass auch kalte Salzsteine nicht splittern oder gar platzen können. Durch dieses sanfte Vorgehen erhält das Grillgut später eine durchgehende Salzkruste. Ganz wichtig ist, dass der Salzstein nur in trockenem Zustand auf die Hitzequelle gelangt.

Die richtige Reinigung ist hierbei nicht ganz einfach. Salz zieht Wasser magisch an und speichert Hitze im Inneren. Daher ist es wichtig, den Salzstein nicht nur trocken und sicher zu lagern, sondern diesen auch komplett erkalten zu lassen, bevor es an die Reinigung geht. Diese darf auf keinen Fall mit Wasser oder Spülmittel erfolgen, denn beides zieht in den Stein ein. Nutzen Sie, sobald der Stein komplett erkaltet ist, ein trockenes Tuch und im Bedarfsfall einen Grillschaber, reinigen Sie nie mit Reinigungsmitteln und Feuchtigkeit. Sollte der Salzstein einmal feucht geworden sein, so ist dieser sofort trocken zu reiben.

WO KOMMT DER SALZSTEIN HER?

Der Salzstein ist in einem Stück zu erhalten, seine Farbe ist meist rosig bis dunkelrot. Doch wo kommt der Salzstein her? Die meisten Salzsteine stammen aus verebbten Salzmeeren. Dort wurde das Salz durch die tektonischen Bewegungen zu einem großen Stein gepresst. Die innerlichen Salzkristalle sind jedoch immer noch enthalten. Somit ist es wichtig, vor allem beim Erwärmen keine Fehler zu begehen. Ansonsten können sich die kleineren Kristalle ausdehnen und zu einer Beschädigung, ja, sogar zu einem Platzen des Steines führen.

Viele der Steine stammen aus dem Himalayagebirge und werden dort seit etlichen Jahren zum Grillen und Garen eingesetzt. Die hohe Speicherfähigkeit des Steines lässt die Hitze lange erhalten bleiben. Richtig eingesetzt, kann ein Salzstein genau wie eine Gussplatte genutzt werden. Keine Sorge, entgegen der vielen Annahmen hat die Speise später keine dicke Salzkruste, die alles vermiest. Der Salzgeschmack ist angenehm mild und die Übertragung wichtiger Mineralien und Spurenelemente ist sehr hoch. Genau das macht die Zubereitung auf der Salzplanke so gesund. Durch den hohen Salzgehalt ist die Oberfläche des Salzsteins antibakterielle und beugt somit einer Keimbelastung vor.

Achtung beim Kauf! Viele der im Laden erhältlichen Salzsteine sind hochpreisig. Wer hier zur günstigen Alternative greift, muss sich erst von der Qualität überzeugen. Die meisten Salzsteine werden in Pakistan abgebaut. Dort wird mit schweren Maschinen gearbeitet, deren Motor und Hydrauliköl durchaus auch einmal auf den Stein treffen können. Zumeist werden die Steine auf ihre Reinheit und Verschmutzung untersucht. Es gibt jedoch wie überall auch Importeure, denen dies zu viel Aufwand ist.

Stimmt die Qualität, ist der Salzstein eine wundervolle Alternative zum bekannten Grillrost.

Frühstück

BLÄTTERTEIG FRÜHSTÜCKSROLLE

 2 Port.
 25 Min.
 Leicht

Zutaten

1 Rolle Blätterteig
1 Tomate, gehackt ohne Kerne
100 g Rucola
100 g Cheddar, gerieben
1 Ei

Nährwerte p. P.

1343 kcal
48 g Kohlenhydrate
74 g Fett
23 g Eiweiß

1 Geben Sie den Salzstein zum Erhitzen auf Ihre Hitzequelle.

2 Verrühren Sie das Ei in einer Tasse.

3 Rollen Sie den Blätterteig aus und belegen Sie den Teig mit dem Käse, Rucola und den Tomaten, den Teig an den Seiten einklappen und aufrollen. Bestreichen Sie den Teig von außen mit dem Ei.

4 Legen Sie den Teig auf den Salzstein und ziehen Sie diesen auf den äußeren Rand der Hitzequelle. Dort von allen Seiten goldbraun garen lassen.

BACONMANTEL PESTO STICKS

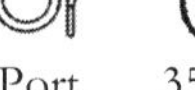

4 Port. 35 Min. Leicht

Zutaten

400 g Bacon-Scheiben
100 g Mozzarella, in Streifen geschnitten
6 EL grünes Pesto aus dem Glas
100 g Gouda, in Stifte geschnitten
100 g Feta, in Würfel geschnitten

Nährwerte p. P.

686 kcal
72 g Kohlenhydrate
35 g Fett
27 g Eiweiß

1 Den Grill anfeuern und die Salzplanke erhitzen.

2 Nehmen Sie die Baconscheiben und legen Sie diese aus. Bestreichen Sie die Scheiben mit etwas Pesto und wickeln Sie jeweils ein Stück Käse darin auf.

3 Nun die Bacon-Sticks auf die Salzplatte geben und alles so lange garen, bis jede Seite knusprig ist.

FRÜHSTÜCKSBRÖTCHEN

4 Port. 55 Min. Leicht

Zutaten

50 g Rosinen
50 g Pistazien, gehackt
1 Apfel, gehackt
50 g Mandelsplitter
500 g Mehl
1 Würfel Hefe
1 Ei
¼ Liter Milch, warm
80 g Butter, weich
1 Prise Zimt
60 g Zucker

Nährwerte p. P.

1033 kcal
107 g Kohlenhydrate
26 g Fett
28 g Eiweiß

1 Vermischen Sie die Butter mit der Milch und der Hefe, bis sich alles aufgelöst hat. Geben Sie den Zucker, den Zimt sowie das Ei hinzu und kneten Sie alles gut durch. Das Mehl unterheben, Rosinen, Pistazien, Mandeln und Apfelstücke einkenten.

2 Aus dem Teig mehrere Kugeln formen. Diese zwischen den Händen leicht andrücken.

3 Die Salzplatte auf dem Grill erhitzen und die Rosinenbrötchen auf die direkte Hitze geben. Von beiden Seiten für jeweils 5 Minuten garen und die Salzplatte von der Hitzequelle nehmen.

4 Die Brötchen darauf erneut von jeder Seite für 10 Minuten garen und dabei gelegentlich wenden.

FRÜHSTÜKSLACHS

4 Port. 25 Min. Leicht

Zutaten

4 Lachsfilets
1 EL Limettensaft
1 TL gehackte Kräuter italienische Art
1 TL Sojasoße
1 EL Öl
1 frisches Baguette in Scheiben
100 g Kräuterbutter

Nährwerte p. P.

493 kcal
11 g Kohlenhydrate
19 g Fett
57 g Eiweiß

1 Öl, Sojasoße, Kräuter und Limettensaft vermischen und den Lachs damit gut einreiben.

2 Die Salzplanke erhitzen, den Lachs daraufgeben und 5 Minuten von jeder Seite garen. Vorsicht beim Wenden: Damit der Lachs nicht auseinanderfällt, können hier zwei Pfannenwender genutzt werden. Mit diesen kann der Lachs von beiden Seiten gleichzeitig angehoben werden.

3 Das Baguette nehmen und jede Scheibe von beiden Seiten mit der Kräuterbutter bestreichen. Nun jede Scheibe von beiden Seiten für jeweils 2 Minuten auf der Salzplatte anrösten und mit dem Lachs servieren.

CHIPS FRÜHSTÜCKSPLATTE

42Port. 25 Min. Leicht

Zutaten

300 g Kartoffeln
1 EL Gemüsebrühe, instant
2 EL Öl
1 Chili, in feinen Scheiben
100 g Bacon, in Scheiben
1 Essiggurke, gehackt
3 EL Röstzwiebeln

Nährwerte p. P.

153 kcal
32 g Kohlenhydrate
13 g Fett
7 g Eiweiß

1 Den Grillrost mit Salzstein erhitzen und das Öl mit der Gemüsebrühe vermischen.

2 Die Kartoffeln abwaschen sowie abtrocknen und in sehr feine, dünne Scheiben schneiden. Dies gelingt mit einem Handhobel ganz einfach.

3 Die Kartoffelscheiben mit dem Öl vermischen und so auf die Salzplatte geben, dass keine Scheiben übereinanderliegen. Die Chips von beiden Seiten knusprig braten und vor dem Servieren abkühlen lassen, dann sind sie noch knuspriger. In dieser Zeit den Bacon auf der Salzplatte von beiden Seiten knusprig braten.

4 Die Chilischeiben mit dem geröstetem Bacon und der Essiggurke sowie den Röstzwiebeln auf die Chips geben und alles frisch servieren.

Schwein & Huhn

HÄHNCHENFÄCHER

4 Port. 35 Min. Mittel

Zutaten

2 Hähnchenbrustfilets
2 EL Öl
1 EL Curry
1 Prise weißer Pfeffer
1 TL Paprikapulver, edelsüß
100 g Mozzarella, gerieben
2 Scheiben Ananas, halbiert

Nährwerte p. P.

356 kcal
16 g Kohlenhydrate
9 g Fett
52 g Eiweiß

1 Erhitzen Sie Ihren Salzstein und vermischen Sie das Öl mit den Gewürzen.

2 Beide Hähnchenbrustfilets in der Mitte zweimal jeweils ca. 1 Zentimeter tief einschneiden, sodass ein Fächer entsteht. Das Fleisch mit dem Öl bestreichen und von beiden Seiten für jeweils 3 Minuten braten.

3 Die Fächer der Hähnchenbrustfilets vorsichtig mit einer Grillzange auseinanderziehen, jeweils eine halbe Scheibe Ananas hineingeben und mit dem Käse bestreuen. Den Salzstein von der Hitze nehmen und das Fleisch darauf für 8 Minuten ruhen lassen.

Tipp: Das Fleisch sollte nicht mehr rosig sein und es sollte kein rosiger Bratensaft austreten.

GNOCCHI-BACON-PLATTE

2 Port. 25 Min. Leicht

Zutaten

1 Packung Gnocchi
4 EL Butter, weich
1 Prise Muskatnuss, frisch gerieben
Pfeffer und Salz
1 Zwiebel, gehackt
250 g Bacon-Würfel

Nährwerte p. P.

647 kcal
87 g Kohlenhydrate
16 g Fett
36 g Eiweiß

1 Den Salzstein langsam erwärmen und in dieser Zeit die Butter mit den Gewürzen vermischen.

2 Die Gnocchi mit der Butter vermischen und Bacon sowie Zwiebeln unterheben.

3 Die Mischung auf den Salzstein geben und alles goldbraun anrösten.

Tipp: Wer es nicht so salzig möchte, kann den Bacon durch gekochten Schinken austauschen.

KNOBLAUCH-STEAK

2 Port. 1 Tag Leicht

Zutaten

2 Schweine-Koteletts
60 ml Öl
2 Zwiebeln, in Ringe geschnitten
3 Knoblauchzehen, halbiert
1 Prise Pfeffer
1 Zitrone, Saft

Nährwerte p. P.

572 kcal
3 g Kohlenhydrate
44 g Fett
44 g Eiweiß

1 Vermischen Sie das Öl mit dem Pfeffer und dem Zitronensaft, geben Sie das Fleisch und die Knoblauchzehen hinein und bedecken Sie alles mit den Zwiebelringen. Das Fleisch über Nacht im Kühlschrank ruhen lassen.

2 Die Salzplatte erhitzen und die Steaks aus der Marinade nehmen. Zusammen mit den Zwiebeln und dem Knoblauch auf der Salzplatte verteilen. Zwiebeln und Knoblauch öfter wenden, damit diese nicht schwarz werden.

3 Die Steaks von jeder Seite für 5 Minuten garen. Den Salzstein von der Hitzequelle ziehen und das Fleisch für weitere 4-5 Minuten darauf ruhen lassen. Zusammen mit den Zwiebeln und dem Knoblauch servieren.

SCHWEINEBAUCH

4 Port. | 1 Std. 5 Min. | Leicht

Zutaten

1 kg Schweinebauch mit Schwarte, in Scheiben
2 EL BBQ-Rub

Nährwerte p. P.

800 kcal
0 g Kohlenhydrate
72 g Fett
40 g Eiweiß

1 Die Fleischscheiben gut mit dem Rub einreiben und den Grill mit Grillrost erhitzen. Den Salzstein auflegen und aufwärmen lassen.

2 Die Fleischscheiben in dieser Zeit von jeder Seite für 1 Minute auf dem Rost angrillen, damit schöne Grillstreifen entstehen. Danach das Fleisch auf den Salzstein legen. Hier jeweils von jeder Seite für 5–6 Minuten garen. Zum Schluss jede Scheibe mit der Kruste kurz auf den Salzstein drücken, sodass diese aufpoppt.

Tipp: Lassen Sie das Fleisch bereits beim Metzger in Scheiben schneiden, die Schwarte lässt sich nur schwierig ordentlich trennen.

BRATWURST MIT MAISKOLBEN UND DIP

2 Port. 35 Min. Leicht

Zutaten

2 Maiskolben, küchenfertig
4 Bratwürste, grob
2 EL Butter
Salz & Pfeffer
500 g Quark
1 Bund Petersilie, gehackt
1 Bund Koriander, gehackt
½ Bund Schnittlauch, gehackt
1 Zitrone, Saft
2 Knoblauchzehen, gerieben

Nährwerte p. P.

1167 kcal
76 g Kohlenhydrate
63 g Fett
75 g Eiweiß

1 Erhitzen Sie den Grill mit der Salzplatte. Vermischen Sie den Quark, die Kräuter, Salz, Pfeffer, den geriebenen Knoblauch sowie den Zitronensaft und lassen Sie den Dip ruhen.

2 Die Bratwurst kurz auf dem Rost von jeder Seite für 1 Minute anrösten und auf den Salzstein legen. Die Bratwurst ca. 5-7 Minuten garen, dabei des Öfteren wenden, sodass alle Seiten ein schönes Röstaroma bekommen.

3 Die Maiskolben ebenfalls kurz auf dem Rost anrösten und auf den Salzstein geben. Die Maiskolben mehrmals wenden und nach dem Garen mit der Butter sowie mit Salz und Pfeffer verfeinern.

BACONMANTEL

4 Port. 35 Min. Leicht

Zutaten

400 g Bacon-Scheiben
1 rote Paprika, in Stifte geschnitten
1 gelbe Paprika, in Stifte geschnitten
2 Möhren, halbiert
100 g Feta, in Würfel geschnitten
4 Chilis
2 Baguettes, in Scheiben geschnitten

Nährwerte p. P.

616 kcal
82 g Kohlenhydrate
15 g Fett
37 g Eiweiß

1 Den Grill anfeuern und die Salzplanke erhitzen.

2 Paprika, Möhren, Feta sowie Chilis mit jeweils einer Scheibe Bacon ummanteln.

3 Nun die Bacon-Sticks auf die Salzplatte geben und alles so lange garen, bis jede Seite knusprig ist. Zusammen mit dem Baguette servieren.

SCHWEINE-BURGER

2 Port. 25 Min. Leicht

Zutaten

2 Burger Buns, halbiert
1 Tomate, in Scheiben geschnitten
80 g Rucola
2 Oliven, in Scheiben geschnitten
2 Scheiben Cheddar
1 Essiggurke, in Scheiben geschnitten
1 Zwiebel, in Ringe geschnitten
500 g Hackfleisch
Salz & Pfeffer
1 EL Paprikapulver, edelsüß
1 TL italienische Kräuter
2 EL Ketchup
1 EL Senf
1 EL Mayonnaise

Nährwerte p. P.

950 kcal
68 g Kohlenhydrate
48 g Fett
62 g Eiweiß

1 Vermischen Sie den Ketchup, den Senf und die Mayonnaise zu einem Dressing. Dieses auf die Burger Buns streichen. Danach Rucola, Oliven, Zwiebelringe, Tomatenscheiben und Essiggurkenscheiben darauf verteilen.

2 Die Salzplatte erhitzen und das Hackfleisch mit Salz und Pfeffer sowie Paprika und italienischen Kräutern vermischen. Aus dem Hackfleisch zwei Fleischpattys formen.

3 Das Burger-Fleisch auf die Salzplatte geben und von jeder Seite für 5-6 Minuten garen. Danach auf den Rost legen und dort weitere 2 Minuten von jeder Seite rösten, bis Grillstreifen entstehen. Fleisch und Käse jeweils auf eine Hälfte der Burger Buns geben, mit der anderen Hälfte verschließen und servieren.

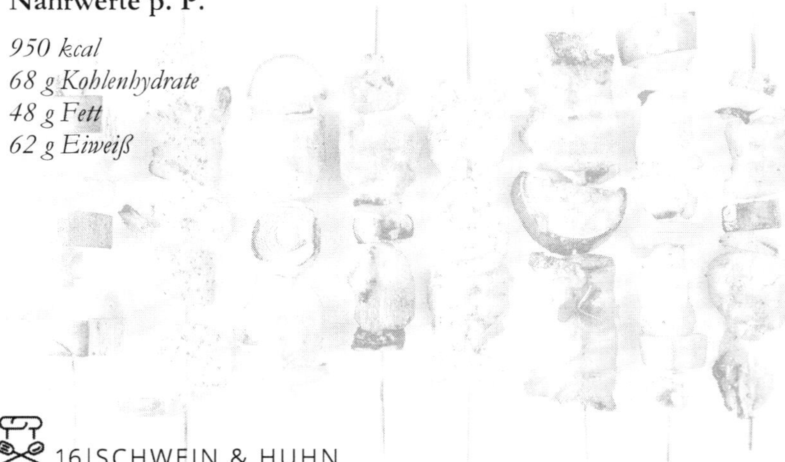

CHICKEN WINGS

 2 Port.
 35 Min.
Leicht

Zutaten

500 g Chicken Wings
2 EL Ketchup
1 EL Senf
1 EL Honig
1 EL Chiliflocken
1 EL Whiskey
1 Prise Pfeffer
50 ml Cola

Nährwerte p. P.

537 kcal
4 g Kohlenhydrate
40 g Fett
42 g Eiweiß

1 Die Wings auf einen Teller legen und die restlichen Zutaten zu einer Marinade vermischen. Die Wings damit von allen Seiten bestreichen.

2 Den Grill anfeuern und die Salzplanke darauf erhitzen lassen. Sobald diese heiß ist, werden die Wings nebeneinander auf die Platte gegeben und dort unter mehrmaligem Wenden für 15-20 Minuten gegart.

GEFÜLLTE PAPRIKA

4 Port. 35 Min. Leicht

Zutaten

500 g Hähnchen-Hackfleisch
1 EL Paprikapulver, edelsüß
100 g Cheddar, gerieben
1 Prise Pfeffer
1 Prise Salz
1 Ei
8 Spitzpaprika

Nährwerte p. P.

347 kcal
16 g Kohlenhydrate
14 g Fett
39 g Eiweiß

1 Das Hackfleisch mit dem Käse, mit Salz und Pfeffer sowie mit Paprikapulver vermischen. Das Ei einkneten.

2 Den Grill und die Salzplatte erhitzen.

3 Die Paprika unter fließendem Wasser abwaschen und abtrocknen. Die Deckel abschneiden und die Kerne entfernen. Das Hackfleisch hineindrücken und die Paprika auf den Grillrost geben. Von jeder Seite anbraten, sodass Grillstreifen entstehen, danach auf die Salzplatte legen und dort für 15 Minuten garen. Dabei häufig wenden, damit die Paprika nicht schwarz werden.

METAXA-KOTELETT

2 Port. 1 Tag Leicht

Zutaten

6 cl Metaxa
2 Schweine-Koteletts
1 Knoblauchzehe, gehackt
4 Frühlingszwiebeln, in Ringe geschnitten
1 Dose gehackte Tomaten
1 EL Ahornsirup

Nährwerte p. P.

398 kcal
13 g Kohlenhydrate
17 g Fett
47 g Eiweiß

1 Alle Zutaten in einer Schüssel vermischen und das Fleisch in dieser Marinade über Nacht im Kühlschrank ziehen lassen.

2 Erhitzen Sie den Grillrost und geben Sie den Salzstein zum Aufheizen darauf.

3 Die Koteletts kurz abtropfen lassen und auf den Rost legen, dort von jeder Seite 1 Minute angrillen und auf den Salzstein geben. Hier ganze 10 Minuten weiter garen, nach der Hälfte der Zeit werden die Koteletts gewendet.

Wild & Rind

WILDSCHWEINLENDE MIT MÖHREN

42Port.

25 Min.

Leicht

Zutaten

2 Rosmarinzweige, gehackt
1 Zwiebel, gehackt
2 EL Zitronensaft
1 EL Wildgewürz
3 EL Öl
500 g Wildschweinlende
8 Karotten, halbiert

Nährwerte p. P.

467 kcal
16 g Kohlenhydrate
21 g Fett
54 g Eiweiß

1 Vermischen Sie das Öl, die Zwiebelstücke, den Zitronensaft, den Rosmarin und 1 EL Wildgewürz miteinander.

2 Den Grill mit der Salzplatte aufheizen.

3 Die Schweinelende in Stücke schneiden und mit dem Öl bestreichen. Jedes Stück zuerst von jeder Seite kurz auf dem Rost anrösten, bis Grillstreifen entstehen. Danach auf die Salzplatte legen und dort von jeder Seite für 5 Minuten garen.

4 Die Möhren ebenfalls mit dem Öl bestreichen und auf die Salzplatte legen. Dort von jeder Seite 4 Minuten garen.

MANGO-RINDERSTEAKS

2 Port. 1 Tag Leicht

Zutaten

1 Mango, püriert
1 EL Paprikapulver, edelsüß
1 Prise Muskatnuss, gerieben
8 g Ingwer, gerieben
80 ml Weißwein
1 Chili, gehackt
2 Rindersteaks

Nährwerte p. P.

482 kcal
32 g Kohlenhydrate
11 g Fett
55 g Eiweiß

1 Die Steaks mit den restlichen Zutaten zusammen in eine Schale geben und über Nacht gut vermischt im Kühlschrank ruhen lassen.

2 Am nächsten Tag die Steaks herausnehmen und abtropfen lassen. Den Grill mit dem Salzstein erhitzen und die Steaks auf dem Rost von beiden Seiten jeweils 2 Minuten garen.

3 Das Fleisch auf den Salzstein legen und von jeder Seite 4 Minuten garen.

BIER-STEAKS VOM RIND

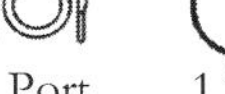

2 Port. 1 Tag Leicht

Zutaten

2 Rindersteaks
1 Dose dunkles Bier
1 Knoblauchzehe, halbiert
1 Zwiebel, gehackt
1 Limette, in Viertel geschnitten

Nährwerte p. P.

402 kcal
8 g Kohlenhydrate
10 g Fett
55 g Eiweiß

1 Das Bier mit dem Knoblauch, Zwiebeln und der Limett zu einer Marinade vermischen. Das Fleisch mit der Marinade in eine Schüssel geben und über Nacht im Kühlschrank durchziehen lassen.

2 Die Salzplatte auf dem Grill erhitzen und die Steaks von jeder Seite für 8 Minuten darauf garen. Danach von jeder Seite für 2 Minuten auf dem Rost anrösten und vor dem Anschneiden 2 Minuten ruhen lassen.

WILDSCHWEINLEBER

2 Port. 35 Min. Leicht

Zutaten

350 g Wildschweinleber, in Streifen geschnitten
30 g Mehl
2 Äpfel
2 Zwiebel
Salz, Pfeffer

Nährwerte p. P.

326 kcal
25 g Kohlenhydrate
8 g Fett
38 g Eiweiß

1 Das Mehl mit dem Salz und dem Pfeffer vermischen und jeden Leberstreifen darin wälzen, sodass alles bedeckt ist. Die Streifen leicht abklopfen und zur Seite legen.

2 Den Grillrost mit dem Salzstein erhitzen und die Äpfel und die Zwiebel schälen. Den Strunk sowie das Kerngehäuse vom Apfel herauslösen und mit den Zwiebeln in Scheiben schneiden.

3 Die Leber auf die Salzplatte geben und dort für 10 Minuten unter mehrmaligem Wenden garen. Die Äpfel und die Zwiebel kurz vor Ende dazugeben und ebenfalls anrösten. Alles zusammen servieren.

RINDERLEBER-SPIESSE

2 Port. 25 Min. Leicht

Zutaten

350 g Rinderleber, in Stücke geschnitten
Spieße
Salz, Pfeffer
1 Mango, in Stücke geschnitten
1 Bund Koriander, gehackt
20 ml Weißwein
200 g Grillkäse, in Stücke geschnitten
30 ml Öl

Nährwerte p. P.

759 kcal
42 g Kohlenhydrate
38 g Fett
63 g Eiweiß

1 Geben Sie den Koriander, das Öl, den Weißwein sowie Salz und Pfeffer in einen Mixer und pürieren Sie alles zu einer Marinade.

2 Die Leber sowie die Mango-Stücke mit dem Grillkäse auf die Spieße schichten. Diese mit der Marinade bestreichen und ruhen lassen.

3 Die Salzplatte erhitzen und die Spieße von jeder Seite für 3-5 Minuten garen.

RINDERMINUTENSTEAKS MIT FETA

4 Port. 25 Min. Leicht

Zutaten

8 Rinderminutensteaks
1 Bund Petersilie, gehackt
1 Pck. Fetakäse
2 EL Schmand
2 EL geriebener Parmesan
2 getrocknete Tomaten, gehackt
1 Knoblauchzehe, gerieben
8 Zahnstocher

Nährwerte p. P.

522 kcal
0 g Kohlenhydrate
25 g Fett
75 g Eiweiß

1 Erhitzen Sie den Grill sowie den Salzstein.

2 Legen Sie die Minutensteaks aus und vermischen Sie die restlichen Zutaten zu einer Creme. Diese Creme nun auf jedes Rinderminutensteak verstreichen und die Steaks aufrollen. Mit einem Zahnstocher fixieren.

3 Die Steaks von allen Seiten für 2-3 Minuten garen.

RINDERMINUTENSTEAKS MIT GORGONZOLA

4 Port. 25 Min. Leicht

Zutaten

8 Zahnstocher
8 Rinderminutensteaks
100 g frischer Spinat
100 g Gorgonzola
2 Frühlingszwiebeln, in dünne Ringe geschnitten
50 g Joghurt
1 EL Limettenabrieb

Nährwerte p. P.

472 kcal
2 g Kohlenhydrate
21 g Fett
70 g Eiweiß

1 Die Frühlingszwiebeln, den Joghurt, den Limettenabrieb, den Gorgonzola und den Spinat zu einer Creme mischen.

2 Die Steaks auslegen und mit der Creme bestreichen, aufrollen und mit den Zahnstochern feststecken.

3 Den Salzstein erhitzen und die Steaks von jeder Seite für 3 Minuten grillen.

WILDSCHWEINRÜCKEN

4 Port.

1 Std. 5 Min.

Leicht

Zutaten

1 kg Wildschweinrücken
1 Prise Pfeffer
1 EL Lorbeerblätter, gemahlen
1 TL Ingwerpulver
1 TL Knoblauchpulver
1 EL Paprikapulver, edelsüß
2 EL Öl
2 EL Honig
1 Knoblauchzehe, gerieben
1 TL Chiliflocken
1 TL Senf
Garn

Nährwerte p. P.

375 kcal
5 g Kohlenhydrate
16 g Fett
53 g Eiweiß

1 Vermischen Sie die Zutaten, bis auf das Fleisch, und reiben Sie dieses mit dem Gemisch gut ein. Den Rücken einmal der Länge nach falten und das gefaltete Stück mit einem Garn zusammenbinden. Dafür am besten die Enden umwickeln sowie einmal in der Mitte fest zusammebinden.

2 Den Grillrost sowie den Salzstein erhitzen.

3 Das Fleisch auf dem Rost von jeder Seite 3 Minuten anrösten und auf den Stein legen. Dort unter mehrmaligem Wenden und erneutem Bestreichen mit der Marinade für 45 Minuten garen. Das Fleisch sollte eine Kerntemperatur von 64 °C aufweisen.

KORIANDER-REHKEULE

4 Port. 25 Min. Leicht

Zutaten

1 Rehkeule
3 EL Öl
20 g Butter, weich
1 EL Balsamicoessig
1 Stängel Thymian
1 Stängel Rosmarin
1 EL Honig
1 Bund Koriander
1 TL Limettensaft
1 Chili
1 Knoblauchzehe, gehackt

Nährwerte p. P.

820 kcal
0 g Kohlenhydrate
29 g Fett
140 g Eiweiß

1 Alle Zutaten bis auf die Keule in einen Mixer geben und pürieren. Die Keule mit dieser Marinade gut einreiben und den Grillrost sowie den Salzstein erhitzen.

2 Die Keule für 4 Minuten von jeder Seite auf dem Rost anrösten, dann auf den Salzstein geben und dort für 10 Minuten von jeder Seite garen. Den Salzstein von der Hitze nehmen und das Fleisch darauf weitere 10 Minuten garen lassen.

Tipp: Wenn Sie ein Thermometer verwenden, sollte die Kerntemperatur bei 60 °C liegen.

KANINCHENSCHENKEL

42Port. 1 Tag Leicht

Zutaten

2 Kaninchenschenkel
1 Orange, Saft & Abrieb
1 Stängel Thymian
1 Knoblauchzehe, gehackt
1 EL Paprikapulver, edelsüß
1 TL Chiliflocken
1 EL Honig
1 Prise Pfeffer
1 TL Limettensaft
3 EL Öl

Nährwerte p. P.

428 kcal
9 g Kohlenhydrate
27 g Fett
37 g Eiweiß

1 Alle Zutaten bis auf das Fleisch miteinander vermischen, das Fleisch in dieser Marinade einlegen und in einer Schüssel über Nacht im Kühlschrank ruhen lassen.

2 Den Grillrost sowie den Salzstein erhitzen und letzteren auf die äußere Hitze ziehen.

3 Die Schenkel von jeder Seite für 5 Minuten auf dem Rost anbraten und auf den Salzstein legen. Dort für weitere 25 Minuten unter mehrmaligem Wenden fertig garen.

Fisch & Meerestiere

ZITRONENLACHS

4 Port. 25 Min. Leicht

Zutaten

4 Lachsfilets
1 EL Zitronensaft
1 TL Zitronenabrieb
1 EL Öl

Nährwerte p. P.

393 kcal
0 g Kohlenhydrate
19 g Fett
55 g Eiweiß

1 Öl, Zitronensaft und -abrieb vermischen und den Lachs damit gut einreiben.

2 Die Salzplanke erhitzen, den Lachs daraufgeben und 5 Minuten von jeder Seite garen. Vorsicht beim Wenden: Damit der Lachs nicht auseinanderfällt, können hier zwei Pfannenwender genutzt werden. Mit diesen kann der Lachs von beiden Seiten gleichzeitig angehoben werden.

PESTO-FILET

4 Port. 25 Min. Leicht

Zutaten

50 g geröstete Pinienkerne
1 Bund Petersilie, gehackt
1 Bund Koriander, gehackt
1 EL Zitronensaft
1 Chili, gehackt
1 Prise Pfeffer
4 Pollackfilets à 200 g
4 EL Öl
3 EL Wasser

Nährwerte p. P.

249 kcal
1 g Kohlenhydrate
11 g Fett
37 g Eiweiß

1 Geben Sie das Wasser, das Öl, die Pinienkerne, die Kräuter sowie Pfeffer, Chili und Zitronensaft in den Mixer. Daraus ein schönes Pesto herstellen.

2 Den Fisch auf den Salzstein geben und für 6 Minuten garen, dann vorsichtig wenden und den Salzstein auf die indirekte Hitze ziehen. Dort den Fisch mit dem Pesto bestreichen und weitere 10 Minuten garen lassen.

SCAMPI MIT RÖSTZWIEBELN

2 Port.

20 Min.

Leicht

Zutaten

500 g Scampi, küchenfertig
2 EL Limettensaft
1 EL Öl
1 Chili, gehackt
2 Zwiebeln, in Ringe geschnitten

Nährwerte p. P.

383 kcal
7 g Kohlenhydrate
15 g Fett
56 g Eiweiß

1 Die Scampi mit dem Öl und dem Limettensaft sowie der gehackten Chili vermischen und kurz ruhen lassen.

2 Den Salzstein erhitzen und die Scampi auflegen.

3 Die Zwiebeln dazugeben und alles für 15 Minuten unter ständigem Wenden garen.

STEINBEIßER VON DER PLANKE

2 Port. 25 Min. Leicht

Zutaten

250 g Steinbeißerfilet
1 EL Öl
1 TL italienische Kräuter
1 EL Zitronensaft

Nährwerte p. P.

124 kcal
0 g Kohlenhydrate
4 g Fett
22 g Eiweiß

1 Den Fisch mit dem Öl und den Kräutern einreiben.

2 Die Salzplanke aufheizen lassen und den Fisch direkt auflegen. Dort von jeder Seite für 3 Minuten garen und mit dem Zitronensaft beträufelt servieren.

GOLDBRASSE

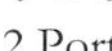

2 Port. 45 Min. Leicht

Zutaten

1 Limette, Bio, in Scheiben geschnitten
1 Goldbrasse
2 Zweige Rosmarin
2 Zweige Thymian
2 EL Öl

Nährwerte p. P.

407 kcal
0 g Kohlenhydrate
13 g Fett
74 g Eiweiß

1 Die Goldbrasse unter frischem Wasser reinigen und trocken tupfen. Die Außenseite auf beiden Seiten jeweils 1 cm tief einschneiden.

2 Die Kräuter kleinhacken und zusammen mit den Limettenscheiben in den Bauch des Fisches geben.

3 Den Fisch mit Öl bestreichen und den Salzstein aufheizen lassen. Den Fisch auflegen und für 10 Minuten auf einer Seite garen. Danach die obere Seite erneut mit Öl bestreichen und den Fisch ganz vorsichtig wenden. Von der anderen Seite ebenfalls 10 Minuten garen und frisch servieren.

LIMETTEN-SHRIMPS

2 Port.

1 Tag

Leicht

Zutaten

300 g Shrimps
1 Bund Koriander, gehackt
1 Knoblauchzehe, gehackt
1 Chili, gehackt
1 Limette, Saft & Abrieb
1 TL Sojasoße
2 EL Öl
3 EL Sprudelwasser

Nährwerte p. P.

240 kcal
3 g Kohlenhydrate
11 g Fett
33 g Eiweiß

1 Das Wasser, das Öl, die Sojasoße, die gehackte Chili, den Knoblauch, den Koriander und den Limettensaft sowie -abrieb im Mixer vermischen.

2 Die Shrimps darin einlegen und über Nacht ruhen lassen.

3 Am nächsten Tag den Grill anfeuern und die Salzplatte darauf erhitzen. Die Shrimps 6 Minuten lang unter mehrmaligem Wenden darauf garen.

ÜBERBACKENES LACHSFILET

 2 Port.

 25 Min.

 Leicht

Zutaten

100 g geriebener Käse
2 Cocktailtomaten
2 Lachsfilets
100 g frischer Spinat
1 EL Zitronensaft
1 EL Öl

Nährwerte p. P.

517 kcal
1 g Kohlenhydrate
32 g Fett
58 g Eiweiß

1 Den Lachs mit Zitronensaft beträufeln und mit dem Öl einreiben.

2 Den Salzstein aufheizen lassen und das Lachsfilet auf die Platte geben. Dort für 8 Minuten garen und vorsichtig wenden. Nun den Lachs mit Spinat, Tomaten und Käse belegen und ebenfalls für 8 Minuten von dieser Seite garen.

SEPIA VON DER PLANKE

42Port. 35 Min. Mittel

Zutaten

2 EL Öl
1 Kugel Mozzarella, in Scheiben geschnitten
1 Tomate, in Scheiben geschnitten
1 EL Balsamicoessig
1 Prise Pfeffer
1 EL Zitronensaft
2 Sepia-Tuben à 20 cm

Nährwerte p. P.

1317 kcal
26 g Kohlenhydrate
51 g Fett
188 g Eiweiß

1 Erhitzen Sie den Salzstein auf Ihrem Grill.

2 Die Tuben mit frischem Wasser abwaschen und trockentupfen. Die Tuben kreuzförmig einritzen, damit diese ihre Form behalten. Bestreichen Sie den Mozzarella mit dem Balsamicoessig und die Tuben mit dem Öl.

3 Nun in jede Tube eine Scheibe Mozzarella und eine Tomatenscheibe legen. Die Tuben auf den Salzstein geben und von jeder Seite 3 Minuten garen. Dabei mit dem Pfannenwender leichten Druck ausüben, damit diese in der Form bleiben.

4 Mit dem Zitronensaft beträufeln und vor dem Servieren mit Pfeffer bestreuen.

MEERESFRÜCHTE-PLATTE

42Port. 35 Min. Leicht

Zutaten

500 g Meeresfrüchte, TK
1 Chili, gehackt
1 Knoblauchzehe, gehackt
1 Selleriestange, in Stücke geschnitten
1 gelbe Paprika, in Stücke geschnitten
1 Salatgurke, ohne Kerne, in Stücke geschnitten
4 Cocktailtomaten
1 Zwiebel, in Stücke geschnitten
1 EL Zitronensaft

Nährwerte p. P.

387 kcal
16 g Kohlenhydrate
23 g Fett
28 g Eiweiß

1 Die Meeresfrüchte mit dem Zitronensaft vermischen und die Salzplanke erhitzen.

2 Die Meeresfrüchte darauf anrösten, die restlichen Zutaten dazugeben und alles für 5-10 Minuten garen, dabei mehrmals wenden.

JAKOBSMUSCHELN

 2 Port.

 35 Min.

 Leicht

Zutaten

4 Zitronengrasstängel
2 EL Butter, weich
1 EL Curry
800 g Jakobsmuscheln
2 EL Öl
Salz, Pfeffer
1 TL Limettensaft

Nährwerte p. P.

357 kcal
24 g Kohlenhydrate
9 g Fett
45 g Eiweiß

1 Die Zitronengrasstängel anspitzen, sodass die Muscheln leichter aufgesteckt werden können.

2 Die restlichen Zutaten vermischen und die Muscheln damit bestreichen. Die Muscheln aufspießen und den Rost sowie den Salzstein erhitzen.

3 Die Spieße zuerst auf den Rost geben und von beiden Seiten anrösten, bis schöne Grillstreifen entstehen. Danach auf den Salzstein legen und dort von jeder Seite für 4 Minuten garen.

Salate vom Salzstein

RUCOLA MIT JAKOBSMUSCHELN

 2 Port.
 35 Min.
 Leicht

Zutaten

1 Orange, Saft
3 g Ingwer, gerieben
2 EL Öl
1 Prise Pfeffer
1 Prise Salz
300 g Jakobsmuscheln
300 g Rucolasalat
100 g Parmesan, gehobelt
2 Tomaten, gehackt
1 EL Zitronensaft
1 EL Öl

Nährwerte p. P.

462 kcal
23 g Kohlenhydrate
23 g Fett
39 g Eiweiß

1 Als Erstes die Salzplanke aufheizen und den Zitronensaft mit 1 Esslöffel Öl vermischen. Damit die Jakobsmuscheln bestreichen und diese auf der direkten Hitze von jeder Seite für 4 Minuten garen.

2 Den Salat waschen und mit den Tomaten vermischen. Aus dem Orangensaft, dem Ingwer, 2 EL Öl sowie Salz und Pfeffer ein Dressing herstellen und dieses darübergeben. Alles gut vermischen.

3 Die Jakobsmuscheln mit dem Parmesan darauf verteilen und frisch servieren.

BRATKARTOFFELSALAT

4 Port.

45 Min.

Leicht

Zutaten

5 Kartoffeln, gekocht, in Scheiben geschnitten
1 Knoblauchzehe, gerieben
100 g Speckwürfel
1 Zwiebel, gehackt
1 TL Senf
150 ml Fleischbrühe, warm
4 EL Öl
1 EL Essig
1 Prise Pfeffer
1 Prise Salz
1 Bund Petersilie, gehackt
½ Bund Schnittlauch, in Ringe geschnitten

Nährwerte p. P.

172 kcal
19 g Kohlenhydrate
6 g Fett
11 g Eiweiß

1 Den Grillrost mit der Salzplatte erhitzen und die Fleischbrühe, den Senf, das Öl, den Essig sowie Salz, Pfeffer und Kräuter und den Knoblauch in eine große Schüssel geben und gut vermischen. Die Zwiebel untermischen und alles zur Seite stellen.

2 Die Kartoffelscheiben mit den Speckwürfeln vermischen und auf die Salzplanke geben, dort so lange garen und wenden, bis alle Seiten goldbraun sind. Die Kartoffeln in das Dressing geben und alles gut vermischen.

Tipp: Der Salat schmeckt auch am nächsten Tag im kalten Zustand hervorragend.

WALNUSS-SALAT MIT KARAMELLISIERTEN MÖHREN

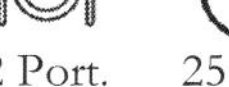

2 Port. 25 Min. Leicht

Zutaten

1 Chinakohl, in feine Streifen geschnitten
2 EL Honig
1 EL Balsamicoessig
1 Prise Salz
1 Prise Pfeffer
1 TL Chiliflocken
4 EL Orangensaft
4 EL Öl
100 g Walnüsse, gehackt
4 junge Möhren, halbiert

Nährwerte p. P.

534 kcal
29 g Kohlenhydrate
39 g Fett
15 g Eiweiß

1 Vermischen Sie den Balsamicoessig mit dem Honig und bestreichen Sie die Möhren. Den Rest mit dem Orangensaft und dem Öl auffüllen und dies zu einem Dressing vermischen. Salz und Pfeffer sowie Chiliflocken unterheben und den Chinakohl hinzufügen.

2 Die Salzplanke erhitzen und die Möhren von beiden Seiten für 4-5 Minuten darauf karamellisieren lassen. Danach mit den Walnüssen in den Salat geben und gut durchmischen.

GLASNUDELSALAT

2 Port.

35 Min.

Leicht

Zutaten

350 g Glasnudeln
7 Frühlingszwiebeln, in Ringe geschnitten
1 Mango, in Stücke geschnitten
1 kleine Dose Pfirsichspalten
1 EL Ketchup
1 EL Sojasoße
2 EL Sesamöl
3 EL Pfirsichsaft
1 Chili, gehackt
300 g Hähnchenbrustfilet, in Stücke geschnitten
1 EL Öl
1 Prise Pfeffer
1 Prise Paprikapulver, edelsüß
1 Bund Koriander, gehackt

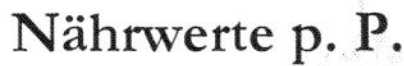

Nährwerte p. P.

1079 kcal
74 g Kohlenhydrate
38 g Fett
109 g Eiweiß

1 Die Glasnudeln nach Anleitung zubereiten und in eine Schüssel geben.

2 Den Grill und die Salzplanke erhitzen und den Ketchup, die Sojasoße, das Sesamöl, den Pfirsichsaft, die Chili, die Mango und die Pfirsichspalten hinzufügen.

3 Das Fleisch mit dem einen Esslöffel Öl sowie mit Pfeffer und Paprikapulver einreiben und auf der Salzplatte von allen Seiten goldbraun anbraten.

4 Das Fleisch mit dem Koriander in den Salat geben und alles gut durchmischen, die Frühlingszwiebeln darüber verteilen. Den Salat 10 Minuten durchziehen lassen und frisch servieren.

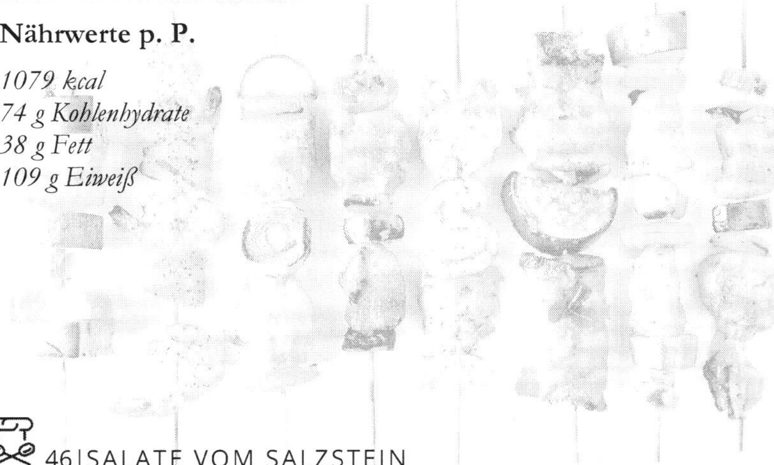

BRUSCHETTA-SALAT

4 Port. 35 Min. Leicht

Zutaten

1 Baguette, in kleine Würfel geschnitten
4 Tomaten, gehackt
1 Bund Basilikum, gehackt
2 Knoblauchzehen, gehackt
1 EL Balsamicoessig
4 EL Öl
20 g Butter, weich

Nährwerte p. P.

268 kcal
41 g Kohlenhydrate
9 g Fett
7 g Eiweiß

1 Vermischen Sie das Öl mit dem Essig und geben Sie den Knoblauch hinein. Die Tomaten unterheben und kurz durchziehen lassen.

2 Den Grillrost erhitzen und die Salzplatte darauf erwärmen. Das Brot mit der Butter darauf verteilen und das Brot knusprig und goldbraun braten.

3 Das knusprige Brot mit dem Basilikum zu den Tomaten geben. Alles kurz vermischen und frisch servieren.

CHILI-SALAT

2 Port. 1 Tag Leicht

Zutaten

6 cl Whisky
200 ml helles Bier
1 Lorbeerblatt
1 Zitrone, in Scheiben geschnitten
3 Stängel Minze, gehackt
1 TL Salz
200 g Rinderminutensteaks, in Streifen geschnitten
4 Tomaten, gehackt
1 Bund Koriander, gehackt
2 rote Zwiebeln, gehackt
2 EL Öl
1 EL Tomatenmark
1 Chili, gehackt

Nährwerte p. P.

250 kcal
13 g Kohlenhydrate
8 g Fett
25 g Eiweiß

1 Whisky, Bier, Lorbeerblatt, Minze, Chili und Zitronenscheiben mit dem Fleisch in eine Schüssel geben. Diese Mischung über Nacht im Kühlschrank ruhen lassen.

2 Die Salzplatte aufheizen, das Fleisch aus der Marinade nehmen und abtropfen lassen. Alle anderen Zutaten in einer Schüssel vermischen und das Fleisch auf der Planke von jeder Seite für 3 Minuten garen. Heiß zu den anderen Zutaten geben, umrühren und den Salat servieren.

APFEL-LAUCH-SALAT

2 Port. 30 Min. Leicht

Zutaten

2 Äpfel, in Stücke geschnitten
4 EL Salatcreme
1 Prise Salz
1 Prise Zucker
2 EL Ananassaft
1 Dose Ananas, in Stücke geschnitten, abgetropft
100 g Gouda am Stück, in Würfel geschnitten
2 Lauchstangen, in Ringe geschnitten
100 g Bacon-Würfel

Nährwerte p. P.

775 kcal
116 g Kohlenhydrate
22 g Fett
26 g Eiweiß

1 Heizen Sie die Salzplatte auf und braten Sie die Äpfel und die Bacon-Würfel sowie die Lauchringe darauf an.

2 Vermischen Sie den Ananassaft, den Zucker, das Salz und die Salatcreme in einer Schüssel. Heben Sie die Ananasstücke unter und geben Sie den Gouda dazu.

3 Apfelstücke, Lauchringe und Bacon-Würfel abkühlen lassen und unterheben.

KRÄUTERSALAT MIT SHRIMPS

2 Port.

15 Min.

Leicht

Zutaten

1 Bund Petersilie, gehackt
1 Bund Koriander, gehackt
½ Bund Schnittlauch, gehackt
2 getrocknete Tomaten, gehackt
1 EL Zitronensaft
6 EL Öl
1 TL Essig, hell
6 g Ingwer, gerieben
½ Knoblauchzehe, gerieben
150 g Shrimps

Nährwerte p. P.

262 kcal
13 g Kohlenhydrate
14 g Fett
21 g Eiweiß

1 Die Shrimps mit dem Zitronensaft vermischen und den Knoblauch unterheben.

2 Die Salzplatte erhitzen und die Shrimps darauf schön goldbraun braten, die Shrimps zur Seite stellen und kurz abkühlen lassen.

3 Das Öl mit dem Essig und mit dem Ingwer, den Kräutern, den Tomaten und den Shrimps vermischen und alles frisch servieren.

GRILLFETA-SALAT

4 Port. 15 Min. Leicht

Zutaten

2 Pck. Feta, in Stücke geschnitten
8 Oliven, grün, in Scheiben geschnitten
8 Oliven, schwarz, in Scheiben geschnitten
2 Tomaten, gehackt
1 rote Zwiebel, gehackt
4 EL Öl
1 EL Apfelessig
1 Bund Petersilie, gehackt
1 Prise Pfeffer

Nährwerte p. P.

364 kcal
3 g Kohlenhydrate
30 g Fett
22 g Eiweiß

1 Erhitzen Sie die Salzplanke und geben Sie den Feta darauf. Diesen von jeder Seite jeweils 5 Minuten anbraten und kurz abkühlen lassen.

2 Das Öl mit dem Apfelessig, dem Pfeffer und der Petersilie vermischen. Die restlichen Zutaten unterheben und alles mit dem Feta bestreuen.

AVOCADO-SALAT

2 Port. 35 Min. Leicht

Zutaten

3 Tomaten, halbiert
1 Limette, Saft
1 Knoblauchzehe, geschält
½ Chili, gehackt
1 Avocado, in Stücke geschnitten
1 Prise Salz
1 Prise Pfeffer
200 g Rucolasalat

Nährwerte p. P.

249 kcal
12 g Kohlenhydrate
20 g Fett
6 g Eiweiß

1 Erhitzen Sie die Salzplanke.

2 Die Tomaten auf den Grill geben und dort von beiden Seiten gut anrösten. Die Schalen abziehen und die Tomaten mit dem Limettensaft, dem Knoblauch und der Chili in einem Mixer pürieren.

3 Die Avocado mit der Tomatensoße sowie Salz und Pfeffer vermischen und den Rucolasalat unterheben.

Traditionell & Speziell

FLAMMKUCHEN MIT BACON

2 Port. 35 Min. Leicht

Zutaten

1 Flammkuchenteig aus der Kühlung
6 EL Schmand
Frischer Pfeffer zum Bestreuen
6 Frühlingszwiebeln, in Ringe geschnitten
100 g Bacon-Würfel

Nährwerte p. P.

733 kcal
104 g Kohlenhydrate
24 g Fett
25 g Eiweiß

1 Die Salzplatte erhitzen und den Bacon darauf knusprig braten.

2 Den Flammkuchenteig ausrollen und mit Schmand bestreichen.

3 Pfeffer darübergeben und die Frühlingszwiebeln sowie den Bacon darauf verteilen.

4 Den Flammkuchen vorsichtig auf den Salzstein rutschen lassen und dort für 5-8 Minuten garen.

STRAMMER MAX

4 Port. 25 Min. Leicht

Zutaten

4 Brotscheiben, Schwarzbrot
100 g Fleischsalat aus der Kühlung
4 Scheiben Kochschinken
2 Essiggurken, in Scheiben geschnitten
4 Eier
3 EL Milch
1 TL Gemüsebrühe instant

Nährwerte p. P.

326 kcal
24 g Kohlenhydrate
17 g Fett
20 g Eiweiß

1 Erhitzen Sie den Grillrost sowie die Salzplanke.

2 Verrühren Sie die Eier zusammen und geben Sie die Milch sowie die Gemüsebrühe hinzu.

3 Die Brotscheiben auf dem Rost anrösten, bis diese Grillstreifen bilden. Mit dem Schinken und dem Fleischsalat belegen.

4 Die Eier auf die Salzplanke geben und zu Rührei ausbacken. Das Rührei auf die Brote verteilen und alles mit den Gurken garniert servieren.

TOAST HAWAII

2 Port. 35 Min. Leicht

Zutaten

2 Toastbrotscheiben
2 Scheiben Kochschinken
2 Scheiben Ananas
2 Scheiben Cheddar
2 EL Mayonnaise

Nährwerte p. P.

371 kcal
50 g Kohlenhydrate
12 g Fett
16 g Eiweiß

1 Die Brote mit der Mayonnaise bestreichen und die Salzplanke vorheizen.

2 Jeweils eine Scheibe Schinken, Ananas und Käse auflegen.

3 Die Toastscheiben für 5-6 Minuten darauf garen lassen, der Käse sollte schön verlaufen und der Toast sollte knusprig sein.

FISCHBURGER

2 Port. 35 Min. Leicht

Zutaten

4 Fischfrikadellen, TK
2 EL Dill, gehackt
1 Becher Schmand
1 TL Senf
1 Prise weißer Pfeffer
1 TL Curry
1 Essiggurke, gehackt
2 Burger-Brötchen

Nährwerte p. P.

1116 kcal
108 g Kohlenhydrate
50 g Fett
57 g Eiweiß

1 Erhitzen Sie die Salzplatte.

2 Halbieren Sie die Brötchen. Rösten Sie die Brötchen mit der Schnittfläche nach unten kurz darauf an.

3 Vermischen Sie den Senf, den Schmand, den Dill, den Curry, den Pfeffer und die Essiggurken.

4 Verteilen Sie die Creme auf den Brötchen. Braten Sie die Fischfrikadellen von beiden Seiten golden und geben Sie sie dann auf die Burger. Mit der anderen Brötchenhälfte verschließen und servieren.

RIB-SANDWICH

2 Port. 35 Min. Leicht

Zutaten

1 Baguette, in der Länge halbiert und aufgeschnitten
4 EL BBQ-Soße
1 Zwiebel, gehackt
2 Essiggurken, in Scheiben geschnitten
500 g Rinderhackfleisch
1 Prise Pfeffer
1 TL Paprikapulver, edelsüß
1 TL italienische Kräuter
1 TL Chiliflocken

Nährwerte p. P.

884 kcal
79 g Kohlenhydrate
36 g Fett
61 g Eiweiß

1 Das Hackfleisch mit Pfeffer, Paprikapulver und Kräutern sowie mit Chiliflocken verkneten. Daraus zwei längliche Fleischfladen formen.

2 Die Salzplanke erhitzen und die Baguettes mit der BBQ-Soße bestreichen. Zwiebelstücke und Gurken darübergeben.

3 Das Hackfleisch von jeder Seite für 7-8 Minuten auf der Salzplanke garen und auf die Baguettes geben. Diese zuklappen und servieren.

GYROSFLADEN

4 Port. 45 Min. Leicht

Zutaten

500 g Rindergeschnetzeltes
2 EL Öl
1 EL Gyrosgewürz
1 Zwiebel, in Ringe geschnitten
4 Gyrosfladen
200 g Joghurt
1 Salatgurke, geraspelt
1 TL Salz
3 Knoblauchzehen, gerieben

Nährwerte p. P.

505 kcal
64 g Kohlenhydrate
10 g Fett
38 g Eiweiß

1 Den Grill anfeuern und die Salzplatte sowie einen Rost erhitzen.

2 Das Fleisch mit dem Öl, dem Gyrosgewürz und den Zwiebelringen vermischen.

3 Die Gurkenraspel mit den Händen ausdrücken und in eine Schüssel geben. Den Joghurt und den Knoblauch mit dem Salz und den Gurken vermischen und alles durchziehen lassen.

4 Das Fleisch auf die Planke geben und dort unter mehrmaligem Wenden knusprig anbraten. Die Fladen auf dem Grill anrösten, sodass beide Seiten Grillstreifen erhalten.

5 Die Fladen mit dem Fleisch füllen und den Joghurt darauf verteilen.

FALAFEL-FLADEN

4 Port. 45 Min. Leicht

Zutaten

1 Bund Petersilie, gehackt
1 große Dose Kichererbsen, abgetropft
1 EL Zitronensaft
1 TL Curry
½ TL Kreuzkümmel, gemahlen
1 Prise Pfeffer
1 TL Paprikapulver, edelsüß
2 EL Sesamöl
1 Bund Koriander, gehackt
1 Zwiebel, gehackt
1 Knoblauchzehe, gehackt

Nährwerte p. P.

254 kcal
36 g Kohlenhydrate
5 g Fett
15 g Eiweiß

1 Geben Sie alle Zutaten in einen Mixer und vermischen Sie sie zu einem klebrigen Teig. Sollte dieser zu fest sein, kann etwas Wasser dazugegeben werden. Ist er zu flüssig, mit etwas Kichererbsenmehl andicken.

2 Die Grillfläche mit der Salzplanke erhitzen.

3 Aus dem Teig kleine Kugeln formen und diese etwas andrücken. Die Falafel-Fladen auf der Salzplanke von jeder Seite für 10-15 Minuten garen. Dabei öfter wenden, damit sie nicht zu dunkel werden.

CALZONE

1 Port.

35 Min.

Leicht

Zutaten

1 Pizzateig, aus der Kühlung
4 EL Tomatenmark
1 TL Oregano
1 TL Thymian
1 TL Basilikum
1 Prise Knoblauchgranulat
3 Scheiben Kochschinken, in Streifen geschnitten
100 g Käse, gerieben
1 Tomate, gehackt
2 EL Mais aus der Dose
6 Oliven, in Scheiben geschnitten
1 Zwiebel, gehackt

Nährwerte p. P.

1801 kcal
182 g Kohlenhydrate
85 g Fett
74 g Eiweiß

1 Rollen Sie den Teig aus und feuern Sie den Grill an, sodass die Salzplatte erhitzt werden kann.

2 Das Tomatenmark mit den Kräutern und dem Knoblauchgranulat vermischen und auf dem Teig ausstreichen.

3 Den Belag auf eine Hälfte des Teigs geben und diese danach zuklappen. Die Ränder fest andrücken und die Calzone auf die Salzplatte geben. Dort von jeder Seite für 6 Minuten garen.

FISCH IM BIER-TEIG

4 Port. 45 Min. Leicht

Zutaten

4 Seelachsfilets
100 g Mehl
1 EL Zitronensaft & Abrieb
1 Prise Salz
2 Eier
120 ml Bier
5 EL Öl

Nährwerte p. P.

304 kcal
19 g Kohlenhydrate
9 g Fett
34 g Eiweiß

1 Beträufeln Sie den Fisch mit dem Zitronensaft und erhitzen Sie die Salzplatte.

2 Vermischen Sie die restlichen Zutaten zu einem Bier-Teig und tauchen Sie den Fisch hinein.

3 Die Filets auf die Salzplatte geben und von jeder Seite 5-7 Minuten braten, bis diese goldbraun sind. Beim Wenden vorsichtig mit zwei Pfannenwendern arbeiten, damit der Fisch nicht zerfällt.

KORIANDER-KOKOS-FRIKADELLEN

4 Port. 35 Min. Leicht

Zutaten

500 g Hackfleisch, halb & halb
1 EL BBQ-Rub
1 Chili, gehackt
1 Bund Koriander, gehackt
1 EL Limettenabrieb
1 TL Tomatenmark
1 Ei
30 g Kokosraspel

Nährwerte p. P.

349 kcal
1 g Kohlenhydrate
27 g Fett
26 g Eiweiß

1 Das Hackfleisch mit allen Zutaten verkneten und daraus 4 Frikadellen formen.

2 Die Salzplatte und einen Rost erhitzen und die Frikadellen von jeder Seite für 8 Minuten auf der Salzplanke garen.

3 Nach dem Garen die Frikadellen kurz auf den Rost geben, diese von beiden Seiten für jeweils 2 Minuten anrösten und frisch servieren.

Vegetarisch

ZUCCHINI-PUFFER

 2 Port.  35 Min.  Leicht

Zutaten

1 Zucchini, geraspelt
1 Ei
100 g Haferflocken, fein
1 Prise Muskatnuss
1 Prise Salz
1 Prise Pfeffer
¼ Bund Schnittlauch, gehackt
1 Knoblauchzehe, gerieben
100 g Käse, gerieben

Nährwerte p. P.

422 kcal
32 g Kohlenhydrate
23 g Fett
23 g Eiweiß

1 Alle Zutaten gut verkneten und daraus zwei schöne Puffer formen. Dafür zwei Kugeln formen und diese plattdrücken.

2 Die Salzplanke erhitzen und die Puffer von jeder Seite für 5 Minuten garen.

FALSCHES BBQ-RIB

4 Port. 45 Min. Leicht

Zutaten

600 g Zucchini, geraspelt
1 Zwiebel, gehackt
200 g Haferflocken, fein
2 EL Öl
2 Eier
1 TL Honig
1 TL Chiliflocken
1 TL Balsamicoessig
1 TL Tomatenmark
1 TL Senf
1 EL BBQ-Rub

Nährwerte p. P.

272 kcal
34 g Kohlenhydrate
9 g Fett
13 g Eiweiß

1 Alle Zutaten gut verkneten und daraus längliche BBQ-Ribs formen.

2 Den Rost sowie die Salzplatte erhitzen und die Ribs auf der Platte von jeder Seite für 5 Minuten grillen. Danach auf den Rost legen und für weitere 3 Minuten pro Seite garen.

SWEET SOUR POMMES

4 Port.

1 Tag

Leicht

Zutaten

500 g Möhren, in Spalten geschnitten
2 EL Honig
1 EL Balsamicoessig
150 ml Apfelsaft
1 Prise Salz
1 Prise Pfeffer
1 Lorbeerblatt
1 Chili, gehackt

Nährwerte p. P.

75 kcal
16 g Kohlenhydrate
0 g Fett
1 g Eiweiß

1 Vermischen Sie alle Zutaten bis auf die Möhren. Diese im Anschluss hineingeben und mit den anderen Zutaten zusammen im Kühlschrank über Nacht ruhen lassen.

2 Die Möhren herausnehmen und abtropfen lassen.

3 Den Salzstein erhitzen und die Möhren darauf von allen Seiten für jeweils 3 Minuten garen.

GEFÜLLTE FLAMMENPAPRIKA

4 Port. 35 Min. Leicht

Zutaten

4 rote Spitzpaprika, ausgehöhlt
200 g Schmand
100 g Kochschinken, kleingehackt
4 Frühlingszwiebeln, in Ringe geschnitten
1 Prise Pfeffer, frisch
1 Prise Salz
1 Ei
100 g Feta

Nährwerte p. P.

328 kcal
14 g Kohlenhydrate
24 g Fett
15 g Eiweiß

1 Vermischen Sie den Schmand, den Schinken, den Feta, die Frühlingszwiebeln sowie Salz, Pfeffer und das Ei.

2 Füllen Sie die Paprika damit und erhitzen Sie die Salzplanke.

3 Die Paprika auf direkter Hitze von jeder Seite für 5 Minuten garen und den Salzstein auf den Außenrand ziehen. Die Paprika dort für 5-10 Minuten sanft weitergaren lassen, bis die Füllung schön schnittfest ist.

KARTOFFELPUFFER MIT APFELKOMPOTT

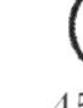

4 Port. 45 Min. Mittel

Zutaten

3 Äpfel, gehackt
20 g Rosinen
20 g Mandelsplitter
1 Prise Zimt
1 EL Honig
1 EL Zitronensaft
1 Prise Kardamom, gemahlen
500 g Kartoffeln, geraspelt
1 Ei
100 g Mehl
Salz, Pfeffer

Nährwerte p. P.

336 kcal
62 g Kohlenhydrate
5 g Fett
9 g Eiweiß

1 Geben Sie die Äpfel in eine Schüssel und fügen Sie Zimt, Honig, Zitronensaft und Kardamom hinzu. Pürieren Sie die Äpfel zur gewünschten Konsistenz und fügen Sie die Rosinen und die Mandelsplitter hinzu.

2 Die Salzplanke erhitzen und die Kartoffelraspel mit den Händen ausdrücken. Diese zusammen mit dem Ei, dem Salz, dem Pfeffer und dem Mehl verkneten und 4 Fladen daraus formen.

3 Die Kartoffelfladen von jeder Seite für 4-5 Minuten anbraten, sodass diese schön goldbraun bis dunkelbraun sind, je nach Geschmack. Zusammen mit dem Kompott servieren.

GEMÜSEMIX

2 Port. 25 Min. Leicht

Zutaten

1 EL Limettensaft
200 g Möhren, halbiert
1 Zucchini, in Scheiben geschnitten
2 rote Paprika, in Streifen geschnitten
1 Tomate, halbiert
2 gelbe Paprika, in Streifen geschnitten
2 EL Öl
1 EL italienische Kräuter

Nährwerte p. P.

182 kcal
27 g Kohlenhydrate
5 g Fett
6 g Eiweiß

1 Das Gemüse vorbereiten und den Limettensaft mit dem Öl und den Kräutern vermischen. Das Gemüse damit bepinseln und die Salzplatte erhitzen.

2 Alle Zutaten auf die Salzplatte geben und von jeder Seite für 3-5 Minuten garen.

KARTOFFELCHIPS

2 Port. 25 Min. Leicht

Zutaten

300 g Kartoffeln
1 Prise Salz & Pfeffer
1 Prise Paprikapulver
2 EL Öl
1 TL Essig, hell

Nährwerte p. P.

133 kcal
22 g Kohlenhydrate
3 g Fett
3 g Eiweiß

1 Den Grillrost mit Salzstein erhitzen und das Öl mit dem Essig sowie mit Salz, Pfeffer und Paprikapulver vermischen.

2 Die Kartoffeln abwaschen sowie abtrocknen und in sehr feine, dünne Scheiben schneiden. Dies gelingt mit einem Handhobel ganz einfach.

3 Die Kartoffelscheiben mit dem Öl vermischen und so auf die Salzplatte geben, dass keine Scheiben übereinanderliegen. Die Chips von beiden Seiten knusprig braten und vor dem Servieren abkühlen lassen, dann sind sie noch knuspriger.

SÜSSKARTOFFEL-FLADEN

2 Port. 45 Min. Leicht

Zutaten

2 EL Orangensaft
2 EL Öl
2 Süßkartoffeln, geraspelt
1 Ei
1 TL Chiliflocken
50 g Haferflocken
1 TL Paprikapulver, edelsüß

Nährwerte p. P.

387 kcal
64 g Kohlenhydrate
10 g Fett
11 g Eiweiß

1 Die Kartoffelraspel mit den anderen Zutaten verkneten und die Salzplatte aufheizen.

2 Die Kartoffelmasse zu Fladen formen und diese auf der Salzplatte von jeder Seite für 5-7 Minuten goldbraun braten.

BLAUBEER-FETA-SPIESSE

2 Port. 45 Min. Mittel

Zutaten

1 Pck. Feta, in Würfel geschnitten
2 EL Öl
1 Bund Koriander, gehackt
1 EL Limettensaft
1 TL Honig
200 g Blaubeeren
Spieße

Nährwerte p. P.

364 kcal
8 g Kohlenhydrate
27 g Fett
22 g Eiweiß

1 Das Öl, den Limettensaft, den Honig und den Koriander im Mixer zu einem Dressing pürieren.

2 Feta und Blaubeeren in das Dressing geben und durchziehen lassen, bis die Salzplatte erhitzt ist. Diese nun zum Erhitzen auflegen.

3 Jeweils 3 Blaubeeren und 1 Stück Feta aufschichten, bis alles aufgebraucht ist. Die Spieße so lange auf der Salzplatte garen, bis der Feta schön angegrillt ist.

PIMIENTOS MIT REIS

2 Port. 25 Min. Leicht

Zutaten

200 g Pimientos
100 g Reis, gekocht
1 EL Tomatenmark
1 EL Öl
1 TL Chiliflocken

Nährwerte p. P.

116 kcal
21 g Kohlenhydrate
2 g Fett
3 g Eiweiß

1 Erhitzen Sie den Grillrost und die Salzplatte.

2 Die Pimientos unter fließendem Wasser abwaschen und gut abtrocknen. Die Deckel entfernen. Den Reis mit Tomatenmark, Chiliflocken und Öl verkneten und in die Pimientos füllen.

3 Diese auf den Grillrost geben und anrösten, bis Grillstreifen entstehen. Danach auf der Salzplanke von jeder Seite für 4 Minuten garen.

Vegan

CHINASPIESSE

2 Port. 30 Min. Leicht

Zutaten

200 g Seitan
1 EL Sojasoße
1 TL Ahornsirup
1 gekochte Kartoffel, püriert
1 EL Öl
1 EL Chiliflocken
200 ml Wasser, warm
1 EL Hefeflocken
1 TL Essig
1 TL Paprikapulver, edelsüß
1 EL Tomatenmark
Spieße

Nährwerte p. P.

185 kcal
15 g Kohlenhydrate
4 g Fett
23 g Eiweiß

1 Verkneten Sie alle Zutaten zu einem elastischen Teig. Diesen in 6 Kugeln teilen und die Kugeln zu einer länglichen Rolle ausrollen.

2 Heizen Sie Ihre Salzplanke vor.

3 Den entstandenen Teig auf die Spieße stecken und nach oben hin umwickeln und feststecken.

4 Die Spieße auf die Salzplanke geben und von beiden Seiten kross anbraten.

PILZE AM SPIESS

2 Port. 35 Min. Leicht

Zutaten

500 g Champignons, klein
2 EL Öl
1 Knoblauchzehe, gerieben
5 g Ingwer, gerieben
2 EL Weißwein
1 Prise Pfeffer
Spieße

Nährwerte p. P.

64 kcal
2 g Kohlenhydrate
4 g Fett
7 g Eiweiß

1 Erhitzen Sie den Grill mit der Salzplatte.

2 Die Champignons mit einem trockenen Tuch reinigen und auf die Spieße geben. Die restlichen Zutaten vermischen und die Spieße damit bestreichen.

3 Die Spieße auf die Platte geben und dort von jeder Seite für 5 Minuten garen.

KRÄUTERMIX PAPRIKA

2 Port. 45 Min. Leicht

Zutaten

3 EL Tomatenmark
3 Stängel Rosmarin, gehackt
1 Stängel Thymian, gehackt
2 Stängel Minze, gehackt
½ Bund Schnittlauch, gehackt
100 g Reis, gekocht
1 Bund Basilikum, gehackt
5 g Ingwer, gerieben
Salz, Pfeffer
2 rote Paprika

Nährwerte p. P.

125 kcal
24 g Kohlenhydrate
1 g Fett
4 g Eiweiß

1 Erhitzen Sie den Salzstein und waschen Sie die Paprika unter fließendem Wasser, danach gut abtrocknen und jeweils den Deckel mit Strunk und Kernen entfernen.

2 Die anderen Zutaten gut vermischen und diese Mischung in die Paprika füllen.

3 Die Paprika auf die Salzplanke stellen und dort für 20 Minuten garen.

GOLDENES GLÜCK

 4 Port.

 35 Min.

 Leicht

Zutaten

2 EL Öl
1 TL Zitronensaft
1 EL Curry
1 TL Paprikapulver, edelsüß
1 Chili, gehackt
1 Dose Ananas, in Stücke geschnitten
400 g Tofu, in Stücke geschnitten
100 g Walnüsse

Nährwerte p. P.

453 kcal
35 g Kohlenhydrate
26 g Fett
20 g Eiweiß

1 Den Salzstein auf dem Grill erhitzen.

2 Das Öl mit dem Zitronensaft, den Gewürzen und der gehackten Chili vermischen. Tofu, Walnüsse und Ananasstücke hineingeben und alles durchziehen lassen, bis die Salzplatte erhitzt ist.

3 Die Mischung auf die Platte geben und unter mehrmaligem Wenden für 10-15 Minuten garen.

ZUCCHINICHIPS

2 Port. 25 Min. Leicht

Zutaten

400 g Zucchini, in feine Scheiben geschnitten
1 EL ÖL
1 TL Essig
1 TL Chiliflocken
1 Prise Pfeffer
1 Prise Salz

Nährwerte p. P.

52 kcal
4 g Kohlenhydrate
3 g Fett
3 g Eiweiß

1 Den Salzstein auf dem Grill mit Rost erhitzen und die Zucchinischeiben mit den restlichen Zutaten vermischen.

2 Die Zucchinischeiben so auf den Salzstein legen, dass jede Scheibe einzeln garen kann. Die Scheiben von jeder Seite für 2-3 Minuten garen und danach von jeder Seite für 2 Minuten auf dem Rost anrösten. Die Chips erkalten lassen und mit Dip oder Kräuterquark servieren.

ZITRONENBROTE

2 Port. 25 Min. Leicht

Zutaten

1 Chili, gehackt
2 Trockentomaten, gehackt
1 TL Zitronensaft & Abrieb
½ Bund Koriander, gehackt
½ Bund Petersilie, gehackt
60 g Sojajoghurt
4 EL Öl
½ Packung Trockenhefe
250 g Mehl

Nährwerte p. P.

646 kcal
117 g Kohlenhydrate
9 g Fett
19 g Eiweiß

1 Den Grill mit Rost und Salzstein vorbereiten und erhitzen.

2 Alle Zutaten zu einem Teig verkneten und diesen zu 2 Kugeln formen. Die Kugeln so dünn wie möglich ausrollen.

3 Jeden Fladen auf dem Salzstein von beiden Seiten für jeweils 3 Minuten garen. Danach für 2 Minuten auf dem Rost rösten lassen.

GRILLGURKE

4 Port.

35 Min.

Leicht

Zutaten

Spieße
2 Salatgurken, in Würfel geschnitten
200 g Tofu, in Würfel geschnitten
1 EL Öl
1 EL Sojasoße
6 EL Sesamsamen, hell

Nährwerte p. P.

126 kcal
4 g Kohlenhydrate
8 g Fett
10 g Eiweiß

1 Den Salzstein erhitzen und die Gurken- mit den Tofu-Würfeln abwechselnd auf die Spieße geben.

2 Öl und Sojasoße vermischen und die Spieße damit bestreichen. Diese von jeder Seite für 4 Minuten auf dem Salzstein garen. Danach in den Sesamsamen wenden und erneut für jeweils 2 Minuten pro Seite auf dem Salzstein garen lassen.

KARTOFFELSPALTEN MIT FALSCHEM BACON

4 Port.

45 Min.

Mittel

Zutaten

2 Zucchini, in längliche Scheiben geschnitten
1 EL BBQ-Rub
2 EL Öl
3 gekochte Kartoffeln, in Spalten geschnitten

Nährwerte p. P.

77 kcal
12 g Kohlenhydrate
2 g Fett
3 g Eiweiß

1 Die Zucchinischeiben mit dem BBQ-Rub und dem Öl vermischen und durchziehen lassen.

2 Die Salzplatte auf einem Rost erhitzen und jeweils eine Kartoffelspalte so mit den Zucchinischeiben umwickeln, dass diese vollständig bedeckt ist.

3 Die Spalten von jeder Seite für 5 Minuten auf der Salzplatte garen. Danach für 2 Minuten pro Seite auf dem Rost rösten.

PESTO-KARTOFFELN

4 Port. 20 Min. Leicht

Zutaten

8 Kartoffeln, im Ganzen gekocht
1 Bund Koriander, gehackt
3 Stängel Dill, gehackt
1 Bund Petersilie, gehackt
3 EL Öl
1 EL Zitronensaft
50 g Pinienkerne
1 Knoblauchzehe, gehackt
1 Zwiebel, gehackt
1 Prise Salz & Pfeffer
1 Prise Muskatnuss, gerieben
1 TL Paprikapulver, edelsüß

Nährwerte p. P.

234 kcal
30 g Kohlenhydrate
9 g Fett
7 g Eiweiß

1 Die Zutaten bis auf die Kartoffeln in einem Mixer zu Pesto pürieren.

2 Die Kartoffeln in 2 cm dicke Scheiben schneiden und mit dem Pesto bestreichen.

3 Die Salzplatte erhitzen und die Pesto-Kartoffel-Scheiben von jeder Seite für 4-5 Minuten braun anbraten.

KÄSE-ÜBERRASCHUNG

2 Port. 25 Min. Leicht

Zutaten

8 Scheiben Wilmersburger, würzig
4 EL Preiselbeeren-Kompott
6 g Ingwer, gerieben
2 EL Öl
1 Baguette, in Scheiben geschnitten
3 EL vegane Butter
Alufolie

Nährwerte p. P.

653 kcal
93 g Kohlenhydrate
25 g Fett
11 g Eiweiß

1 Erhitzen Sie Ihre Salzplatte und legen Sie die Alufolie aus.

2 Den Käse halbieren und jeweils 2 Scheiben auf eine Alufolie legen. Mit dem Preiselbeeren-Kompott und jeweils 1 EL Öl bedecken und die Päckchen verschließen. Diese auf den Außenbereich des Rosts legen.

3 Die Butter mit dem Ingwer vermischen und die Baguettescheiben damit bestreichen. Die Scheiben einzeln auf die Salzplatte legen und von jeder Seite für 4 Minuten garen.

4 Sobald das Baguette fertig ist, die Päckchen öffnen und mit dem frischen Ingwerbrot servieren.

Fingerfood & Snacks

WÜRSTCHEN IM BLÄTTERTEIG

2 Port. 25 Min. Leicht

Zutaten

1 Rolle Blätterteig
1 Glas Wiener Würstchen
100 g Cheddar, gerieben
1 Ei

Nährwerte p. P.

1324 kcal
40 g Kohlenhydrate
102 g Fett
43 g Eiweiß

1 Geben Sie den Salzstein zum Erhitzen auf Ihre Hitzequelle.

2 Verrühren Sie das Ei in einer Tasse.

3 Rollen Sie den Blätterteig aus und schneiden Sie diesen in breite Streifen. Streuen Sie den Käse auf den Streifen aus und wickeln Sie diese jeweils um ein Würstchen. Bestreichen Sie den Teig von außen mit dem Ei.

4 Legen Sie die eingerollten Würstchen auf den Salzstein und ziehen Sie diesen auf den äußeren Rand der Hitzequelle. Die Würstchen darauf von jeder Seite golden ausbacken.

SALZSTEIN-PESTO-BROT

2 Port. 25 Min. Leicht

Zutaten

½ TL Backpulver
20 ml Butter, geschmolzen
80 ml Milch
1 EL grünes Pesto aus dem Glas
150 g Weizenmehl

Nährwerte p. P.

357 kcal
56 g Kohlenhydrate
11 g Fett
9 g Eiweiß

1 Den Salzstein nach Anleitung erwärmen und in der Zwischenzeit alle Zutaten miteinander verkneten.

2 Teilen Sie den Teig in kleine Kugeln und rollen Sie diese zu sehr flachen Teigfladen aus.

3 Die Fladen auf den Salzstein geben. Sobald sich Luftblasen auf dem Teig bilden und dieser sich leicht erhebt, wird er gewendet. Von der anderen Seite für 1 Minute garen und das Brot herunternehmen.

PÜREE-STICKS

4 Port. 45 Min. Leicht

Zutaten

500 g Kartoffeln
½ TL Salz
100 g Mehl
50 g Butter
2 EL italienische Kräuter
1 Prise Pfeffer
1 Ei
100 g Feta

Nährwerte p. P.

351 kcal
37 g Kohlenhydrate
17 g Fett
12 g Eiweiß

1 Die Kartoffeln mit dem Salz und genügend Wasser, sodass die Kartoffeln bedeckt sind, zum Kochen bringen. Die Kartoffeln für 20 Minuten garen und abgießen.

2 Die Butter zu den Kartoffeln geben und den Pfeffer sowie die Kräuter darüberstreuen. Alles mit einem Kartoffelstampfer zerdrücken. Das Ei untermischen und das Mehl einkneten.

3 Den Feta unterkneten und aus der Masse kleine Kugeln formen, diese zu Stangen ausrollen und den Salzstein erhitzen.

4 Die Rollen von allen Seiten für jeweils 2-4 Minuten goldbraun garen.

ROSINENBRÖTCHEN

4 Port. 55 Min. Leicht

Zutaten

100 g Rosinen
100 g Mandelsplitter
500 g Mehl
1 Würfel Hefe
1 Ei
¼ Liter Milch, warm
80 g Butter, weich
1 Prise Zimt
60 g Zucker

Nährwerte p. P.

933 kcal
127 g Kohlenhydrate
36 g Fett
25 g Eiweiß

1 Vermischen Sie die Butter mit der Milch und der Hefe, bis sich alles aufgelöst hat. Geben Sie den Zucker, den Zimt sowie das Ei hinzu und kneten Sie alles gut durch. Die Rosinen und die Mandelsplitter mit dem Mehl unterheben und aus dem Teig mehrere Kugeln formen. Diese zwischen den Händen leicht andrücken.

2 Die Salzplatte auf dem Grill erhitzen und die Rosinenbrötchen auf die direkte Hitze geben. Von beiden Seiten für jeweils 5 Minuten garen und die Salzplatte von der Hitzequelle nehmen.

3 Die Brötchen darauf erneut von jeder Seite für 10 Minuten garen und dabei gelegentlich wenden.

KÄSESTANGEN

4 Port. 25 Min. Leicht

Zutaten

1 Ei
2 Blätterteigrollen aus der Kühlung
1 EL italienische Kräuter
200 g Cheddar, gerieben

Nährwerte p. P.

813 kcal
40 g Kohlenhydrate
64 g Fett
20 g Eiweiß

1 Rollen Sie den Blätterteig aus und lassen Sie diesen kurz ruhen.

2 Erhitzen Sie Ihren Salzstein.

3 Vermischen Sie das Ei in einer Tasse und bestreichen Sie den Teig damit. Die Kräuter und den Käse darüberstreuen. Rollen Sie den Teig zu einer festen Rolle auf. Diese Rolle in Scheiben schneiden und jede Scheibe zu einer länglichen Stange ausrollen.

4 Die Stangen von der Seite für 3-4 Minuten auf dem Salzstein garen, sodass diese eine goldbraune Färbung annehmen und der Käse schmilzt.

GEFÜLLTE CHAMPIGNONS

2 Port. 45 Min. Mittel

Zutaten

500 g Champignons, groß
1 Prise Knoblauchgranulat
1 Prise Pfeffer
150 g Frischkäse
1 Bund Schnittlauch, gehackt

Nährwerte p. P.

292 kcal
4 g Kohlenhydrate
25 g Fett
15 g Eiweiß

1 Entfernen Sie vorsichtig die Stiele der Champignons und reinigen Sie die Köpfe mit einem sauberen Tuch.

2 Die Salzplatte vorbereiten und aufheizen.

3 Die Stiele kleinhacken und mit dem Schnittlauch, den Gewürzen und dem Frischkäse vermischen. Die Mischung in die Pilzköpfe füllen und diese auf den Salzstein setzen. Die Köpfe so lange garen lassen, bis keine Flüssigkeit mehr austritt.

BACONBOMBEN

2 Port. 15 Min. Leicht

Zutaten

20 Feta-Würfel
20 Scheiben Bacon
10 Cocktailtomaten, halbiert
20 Blätter Basilikum
20 Zahnstocher

Nährwerte p. P.

558 kcal
5 g Kohlenhydrate
36 g Fett
54 g Eiweiß

1 Lassen Sie Ihren Salzkristall aufheizen.

2 Nehmen Sie jeweils einen Feta-Würfel und umwickeln Sie diesen mit einer Scheibe Bacon. Die Würfel von allen Seiten schön kross braten.

3 Je ein Basilikumblatt auf einen Bacon-Würfel legen und eine halbe Tomate auflegen. Alles mit einem Zahnstocher fixieren und die Bacon-Würfel auf einer Platte anrichten.

CHILI-PIMIENTOS

2 Port. 35 Min. Mittel

Zutaten

250 g Pimientos
1 Knoblauchzehe, gerieben
200 g Schmand
1 Bund Petersilie, gehackt
1 Prise Pfeffer
1 Chili, gehackt
1 EL Limettensaft

Nährwerte p. P.

335 kcal
11 g Kohlenhydrate
31 g Fett
4 g Eiweiß

1 Die Pimientos unter frischem Wasser reinigen und abtrocknen. Die Deckel abschneiden und zur Seite legen.

2 Den Schmand mit den anderen Zutaten vermischen und den Salzstein vorheizen.

3 Die Schmand-Creme in die Pimientos füllen und die Deckel aufsetzen. Die Pimientos von jeder Seite für 2-3 Minuten grillen.

PIZZASCHNECKEN

2 Port.

25 Min.

Leicht

Zutaten

1 Rolle Hefeteig aus der Kühlung
3 EL Tomatenmark
1 EL italienische Kräuter
1 Prise Salz
1 EL BBQ-Soße
100 g Salami, in Scheiben
100 g gekochter Schinken, in Scheiben
200 g geriebener Käse

Nährwerte p. P.

1284 kcal
100 g Kohlenhydrate
73 g Fett
58 g Eiweiß

1 Den Salzstein aufheizen lassen und den Hefeteig ausrollen.

2 Tomatenmark, Kräuter, Salz und BBQ-Soße vermischen. Den Teig damit bestreichen und mit der Salami und dem Schinken belegen. Den Käse darübergeben und alles zu einer festen Rolle aufrollen.

3 Diese Rolle in ca. 2 cm dicke Scheiben schneiden und die Scheiben direkt auf den Salzstein geben. Von jeder Seite für 3-4 Minuten garen.

MOZZARELLA-ZUCCHINI-PÄCKCHEN

4 Port. 45 Min. Mittel

Zutaten

2 Zucchini, in längliche Scheiben geschnitten
200 g Mozzarella, in Stücke geschnitten
1 EL Sojasoße

Nährwerte p. P.

157 kcal
2 g Kohlenhydrate
12 g Fett
11 g Eiweiß

1 Die Mozzarella-Stücke mit der Sojasoße bepinseln. Danach jeweils ein Stück Mozzarella mit einer Zucchini-Scheibe umwickeln.

2 Die Salzsteine aufheizen und die Zucchini-Päckchen von jeder Seite für 5 Minuten garen.

Süßes

SWEET AM SPIESS

4 Port. 25 Min. Leicht

Zutaten

1 Rolle Blätterteig
200 g Pflaumen, ohne Stein, halbiert
3 EL Butter, weich
3 g Ingwer, gerieben
1 TL Zimt
1 EL Zucker
Spieße

Nährwerte p. P.

336 kcal
26 g Kohlenhydrate
25 g Fett
3 g Eiweiß

1 Den Salzstein aufheizen und die Butter mit Zimt, Ingwer und Zucker vermischen.

2 Den Blätterteig ausrollen und mit der Buttermischung bestreichen. Den Blätterteig in Streifen schneiden, jeweils einen Streifen um eine halbe Pflaume wickeln und diese aufspießen.

3 Die Pflaumenspieße von jeder Seite für 5-7 Minuten auf dem Salzstein garen, bis der Teig goldbraun ist.

WILLIAMSBIRNEN

4 Port.

20 Min.

Leicht

Zutaten

4 Birnen, in Spalten geschnitten, mit Schale
1 EL Honig
4 cl Williams Christ-Birnen-Branntwein
1 Prise Zimt
3 EL Butter
1 Prise Nelken, gemahlen

Nährwerte p. P.

87 kcal
17 g Kohlenhydrate
2 g Fett
1 g Eiweiß

1 Die Salzplatte aufheizen und den Honig mit dem Branntwein, der Butter sowie mit Zimt und Nelken vermischen.

2 Die Birnen von beiden Seiten damit bestreichen und auf die Salzplanke geben. Dort von beiden Seiten für jeweils 3-4 Minuten garen.

BRATANANAS

4 Port.

25 Min.

Leicht

Zutaten

1 große Ananas, frisch
1 EL Zimt
4 EL Zucker

Nährwerte p. P.

219 kcal
49 g Kohlenhydrate
1 g Fett
2 g Eiweiß

1 Die Ananas schälen und den Strunk entfernen. Den Grillrost erhitzen und den Salzstein erwärmen. Das Fruchtfleisch der Ananas in Scheiben schneiden.

2 Die Ananasscheiben in Zucker und Zimt wälzen und von beiden Seiten auf der Salzplatte garen, bis der Zucker karamellisiert ist.

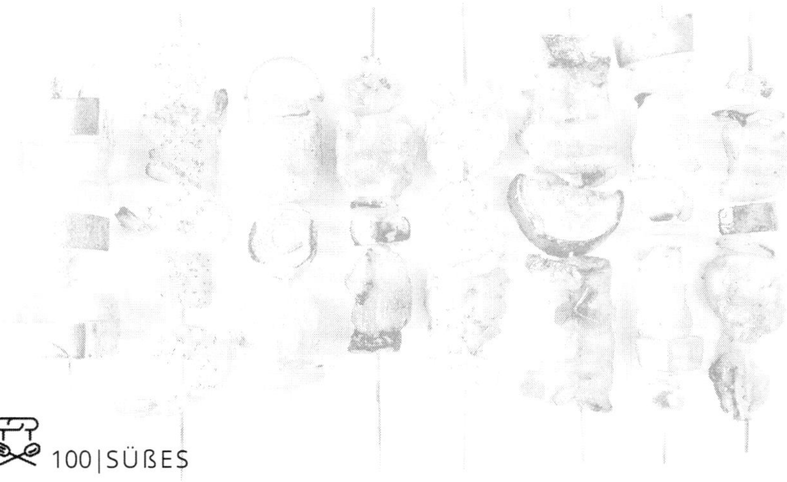

SALZCRACKER-SANDWICH

4 Port. 20 Min. Leicht

Zutaten

1 Tüte Salzcracker
100 g Schokolade, in Stücke geschnitten

Nährwerte p. P.

238 kcal
36 g Kohlenhydrate
8 g Fett
5 g Eiweiß

1 Den Grill anfeuern und die Salzplatte erhitzen.

2 Jeweils zwei Salzcracker nehmen und ein Stück Schokolade in die Mitte geben.

3 Die Cracker auf die Salzplatte legen und so lange ruhen lassen, bis die Schokolade zu schmelzen beginnt.

BACON-MELONE

2 Port. 15 Min. Leicht

Zutaten

1 Honigmelone, in Spalten geschnitten
200 g Bacon-Scheiben

Nährwerte p. P.

702 kcal
124 g Kohlenhydrate
9 g Fett
30 g Eiweiß

1 Die Melonenspalten mit jeweils einer Scheibe Bacon umwickeln.

2 Den Grillrost mit der Salzplatte erhitzen und die Spalten von beiden Seiten darauf knusprig anbraten.

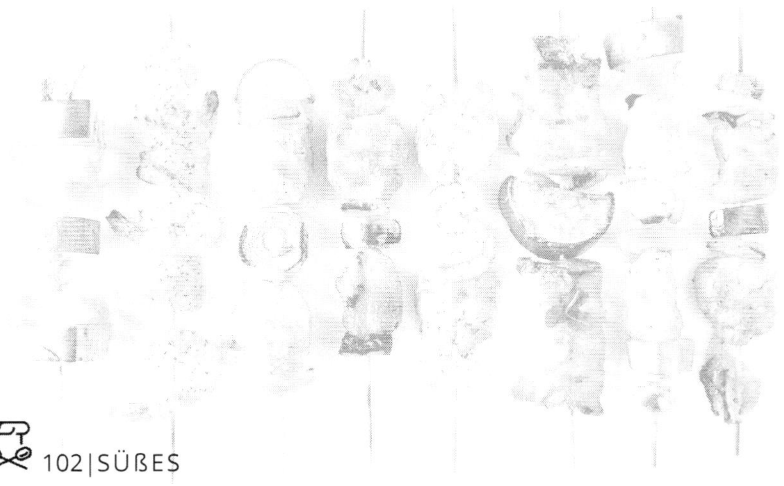

GRILL-COOKIES

4 Port.

25 Min.

Leicht

Zutaten

300 g Mehl
180 g Butter, kalt
150 g Zucker
1 EL Kakaopulver, roh
1 Prise Zimt
100 g Schokodrops, dunkel
50 g Erdnüsse, nicht gesalzen

Nährwerte p. P.

946 kcal
104 g Kohlenhydrate
53 g Fett
13 g Eiweiß

1 Erhitzen Sie Ihre Salzplatte und verkneten Sie alle Zutaten zu einem Teig.

2 Den Teig zu Kugeln formen und diese plattdrücken.

3 Die Cookies von jeder Seite für 3 Minuten auf der Salzplanke grillen.

BANANENROLLEN

2 Port. 25 Min. Leicht

Zutaten

1 Ei
4 Scheiben Toastbrot
Zucker & Zimt zum Wälzen
1 Banane, in Viertel geschnitten
2 EL Milch
40 g Erdnussbutter
Zahnstocher

Nährwerte p. P.

445 kcal
49 g Kohlenhydrate
23 g Fett
11 g Eiweiß

1 Den Grillrost mit dem Salzstein erhitzen.

2 Den Rand der Toastbrote entfernen und diese mit einer Rolle leicht flach ausrollen. Mit der Erdnussbutter bestreichen und an einem Ende die Bananenviertel platzieren.

3 Das Brot aufrollen und mit einem Zahnstocher befestigen.

4 Das Ei mit der Milch verrühren und die Brote darin eintauchen. Danach direkt in Zucker und Zimt wälzen und auf die Salzplanke geben. Dort von jeder Seite goldbraun anbraten.

APFELKUCHEN

4 Port. 35 Min. Leicht

Zutaten

4 Äpfel
200 g Butter, kalt
200 g Mehl
100 g brauner Zucker
1 Prise Zimt
1 Prise Kardamom, gemahlen
1 Prise Nelken, gemahlen

Nährwerte p. P.

763 kcal
90 g Kohlenhydrate
42 g Fett
6 g Eiweiß

1 Die Salzplanke erhitzen und die Äpfel mit frischem Wasser waschen und danach gut abtrocknen.

2 Die Äpfel vorsichtig aushöhlen, es darf nach unten hin keine durchgehende Öffnung entstehen, da die Äpfel gefüllt werden.

3 Die restlichen Zutaten verkneten und mit den Fingern Streusel daraus formen. Diese werden nun in die Äpfel gegeben. Die Äpfel auf die Salzplanke stellen und diese von der direkten Hitze auf den Außenrand ziehen. Die Äpfel dort für 20-25 Minuten garen lassen.

SALZIGES SANDWICH

2 Port. 15 Min. Leicht

Zutaten

8 Butterkekse
2 Erdbeeren
4 Raffaello
50 g weiße Schokodrops

Nährwerte p. P.

364 kcal
38 g Kohlenhydrate
22 g Fett
6 g Eiweiß

1 Die Erdbeeren vom Grün befreien, unter Wasser reinigen und abtropfen lassen. Danach in Scheiben schneiden.

2 Die Raffaello mit einer Gabel zerdrücken und mit den Schokodrops mischen.

3 Die Salzplatte erhitzen und nun immer zwei Butterkekse nehmen, etwas von der Raffaellocreme auf diese streichen und mit jeweils 2 Scheiben Erdbeeren belegen. Den anderen Keks daraufgeben und das Sandwich von beiden Seiten für jeweils 4 Minuten auf dem Salzstein garen.

SALZIGE SCHOKOSCHEIBEN

2 Port. 25 Min. Leicht

Zutaten

Spieße
1 Rolle Blätterteig
Schokoaufstrich
100 g salzige Erdnüsse, gehackt

Nährwerte p. P.

893 kcal
44 g Kohlenhydrate
72 g Fett
19 g Eiweiß

1 Rollen Sie den Blätterteig aus und bestreichen Sie diesen mit der Schokocreme.

2 Den Blätterteig aufrollen und in Scheiben schneiden. Diese Scheiben in die Erdnüsse drücken und die Salzplatte erhitzen.

3 Die Schokoscheiben von jeder Seite für 4-6 Minuten garen.